Jo-Jo

Fibel

Schreiblehrgang A

Schulausgangsschrift

von

Heidemarie Löbler

illustriert von

Maria Aurelio

Barbara Jung

Imke Sönnichsen

Cornelsen

Jo-Jo

Fibel

Schreiblehrgang A
Schulausgangsschrift

von Heidemarie Löbler

Redaktion: Josephine Weigang, Martina Schramm, Nicole Namour
Illustration: Maria Aurelio, Barbara Jung, Imke Sönnichsen
Gesamtgestaltung/Layout: Heike Börner
Umschlagillustration: Barbara Jung
Technische Umsetzung: Cornelia Gründer, corngreen Leipzig
Bildquelle: U1: Fotolia/Silkstock (Jo-Jo)

www.cornelsen.de

1. Auflage, 1. Druck 2016

Druck: Firmengruppe APPL, aprinta Druck, Wemding

ISBN 978-3-06-082084-9

Hinweise zum Einsatz

1. Grundsätzliches zum Schreiblehrgang

Die *Schulausgangsschrift* ist als verbundene Schrift besonders geeignet, da sie eine gute *Schräglage* aufweist und durch eine straffe Bewegungsführung gekennzeichnet ist. Die Buchstaben haben eine klare Binnenstruktur. Die Großbuchstaben sind der Druckschrift angenähert.

2. Methodische Hinweise zum Schreiblehrgang

Das Schreiben der *Schulausgangsschrift* bedarf systematischer und gründlicher Übung, da es bei dieser Schreibschrift um bewegungsorientiertes, zügigverbindendes Schreiben geht. Daher sind *ergänzend zur Bearbeitung des Schreiblehrgangs Übungen zur Schulung der Feinmotorik und zur Kräftigung der Fingermuskulatur erforderlich*. Weitere Hinweise dazu finden sich in den Handreichungen für den Unterricht zur Jo-Jo Fibel: ISBN 978-3-06-082092-4.

Die Erarbeitung der Buchstaben beginnt in diesem Schreiblehrgang auf Seite 6.

Das Schreiben mit Füller wird erst für das 2. Schuljahr empfohlen.

Beim Schreiben der *Schulausgangsschrift* sind neben den verschiedenen Grundbewegungen besonders die *Drehrichtungswechsel* und die *Deckstriche* bei einigen Buchstaben zu beachten. Drehrichtungswechsel kommen nicht nur innerhalb der fortlaufenden Schreibbewegung vor. Es gibt auch Drehrichtungswechsel im Anschluss an einen Haltepunkt (1). Sie sind dann zugleich verbunden mit einem Deckstrich (2). Ein Deckstrich ist eine deckungsgleiche Linie in entgegengesetzter Schreibrichtung.

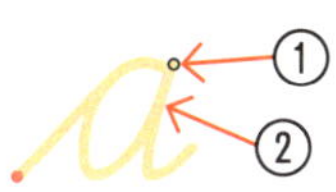

(1) Haltepunkt
(2) Deckstrich

Die Deckstriche (z. B.: a, d, p, qu, r, ß) erfordern besondere Beachtung, da sie exakt deckungsgleich geschrieben werden müssen.

In der Schulausgangsschrift gibt es drei grundlegende Buchstabenverbindungen:

Die einzügige Verbindung auf der Grundlinie:
ei au Eu Ma Li Ka

Die angesetzte Verbindung auf der Grundlinie:
Ba Bi Se Do Tu si

Die einzügige Verbindung an der Mittellinie:
Af Fa He ba or rd xe

Im Allgemeinen richtet sich der Schreiblehrgang nach folgenden Prinzipien:

- Die Reihenfolge der Buchstaben entspricht dem Leselehrgang.
- Wo es erforderlich ist, gibt es eine vorbereitende *feinmotorische Grundübung*.
- Alle neu eingeführten Buchstaben sind in *Druckschrift* mit den Abbildungen aus der Lauttabelle vorgegeben.
- In den gelb umrandeten Feldern werden die neuen Buchstaben geübt. Zuerst wird der *größte Buchstabe* mehrmals *farbig nachgespurt*. Dann schreiben die Kinder den Buchstaben in unterschiedlichen Größen in das Feld.
- *Rote Startpunkte* helfen, den Buchstaben an der richtigen Stelle zu beginnen. Der Schreibablauf ist durch *Nummern und Richtungspfeile* gekennzeichnet. *Haltepunkte und Drehrichtungswechsel* sind durch Kreise markiert.
- Die grauen Buchstaben und Wörter in den Linien werden *nachgespurt* (Farbstifte oder Fasermaler).
- Für *Linkshänder* erscheinen die Buchstaben und Wörter noch einmal am rechten Zeilenrand.
- Zur Leseerleichterung und als optische Unterstützung beim Abschreiben sind bis einschließlich ck *Silbenbögen* unter die Wörter gesetzt.
- Der besseren Lesbarkeit wegen sind *Arbeitsaufträge* in Druckschrift geschrieben.
- Das *Umsetzen von Druck- in Schreibschrift* ist ein besonderer Übungsschwerpunkt.
- Alle Seiten bieten *Differenzierungsmöglichkeiten*. Die entsprechend gekennzeichneten Aufgaben sind nach eigenem Ermessen zu bearbeiten.
- Das *Abschreiben von Texten* kann mithilfe der Seite 56 besonders geübt werden. Hier finden sich kleine Texte zu ausgewählten Themen, die innerhalb der Buchstabenprogression zu einem bestimmten Zeitpunkt abgeschrieben werden können (siehe Verweishand auf den entsprechenden Seiten. Die dort mit gekennzeichnete Unterteilung der Texte dient der *Differenzierung*).
- Um die *Selbsteinschätzung* anzubahnen, wird empfohlen, dass die Kinder in den Schreibzeilen ihren „schönsten" Buchstaben bzw. ihr „schönstes" Wort mit einem blauen Punkt markieren.
- Über ein einfaches *Bewertungssystem* mit drei farbigen Kreisen (grün, gelb, rot) können sich die Kinder selbst einschätzen und so den Erfolg ihres Lernens reflektieren.

3. Arbeitssymbole

Folgende Symbole werden im Schreiblehrgang verwendet:

 schreiben

 verbinden

 einkreisen

 ankreuzen

 in ein Heft schreiben

 besprechen mit einem Partner

 Differenzierungsmöglichkeit

 Verweis auf die Seite 56, die Übungstexte zum Abschreiben enthält

Zur Selbsteinschätzung der Arbeit soll der passende Kreis angekreuzt werden:

Diese Seite fand ich

○ leicht ○ mittel ○ schwer

Nina
Nino

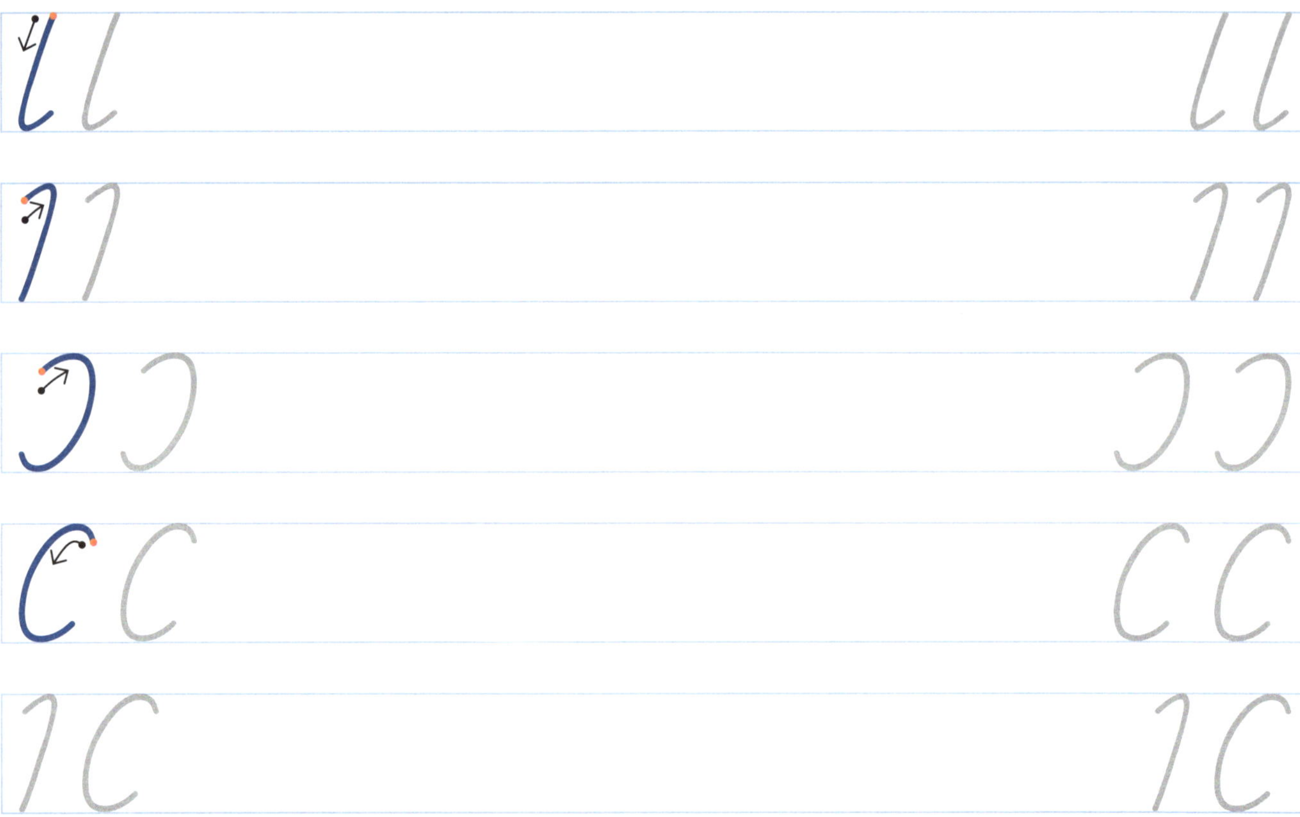

O O O O

o o o o

m m m m

u u u u

mo mo

N n

Nina

Nina

Nino

Nino

Nase

Nase

N n

n n n

n n n

n n n n n n

n n

Nina

Nina

Nina

N N

n n

n n

n n

N N

Nino

Nino

Nino

i i i i

in

in in in

in

Nina Nina Nina Nina

Nino Nino Nino Nino

in

in

in in

I i

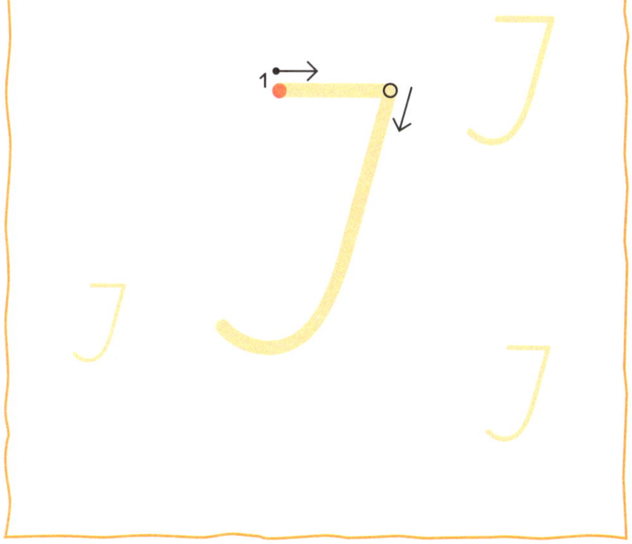

I I I I

Ii Ii Ii

In In In

Ina Ina Ina Ina Ina

Ina

Ina

Ina Ina Ina Ina Ina Ina

Insel

Igel

Iglu

A a

a a a a a

a a a

an

an

an an an

na

na na na

na na na

na

na

Ina

Ina

Ina Ina

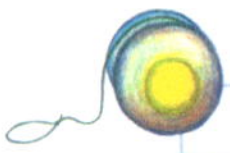

Nina Nina

A a

A A A
A A

An An
An An

An Ina

An Ina

An Nina

An Nina

Apfel

Ameise

Ananas

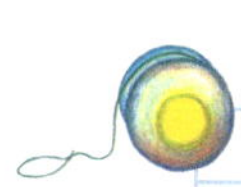

An Anna

An Anna

O o

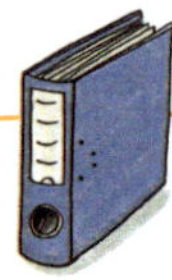

o

oa

o o o

oa oa oa

o o

oa oa

Nino

Noa

Nino

Noa

Jojo Jojo Jojo Jojo Jojo

Sonne

Tonne

Telefon

O o

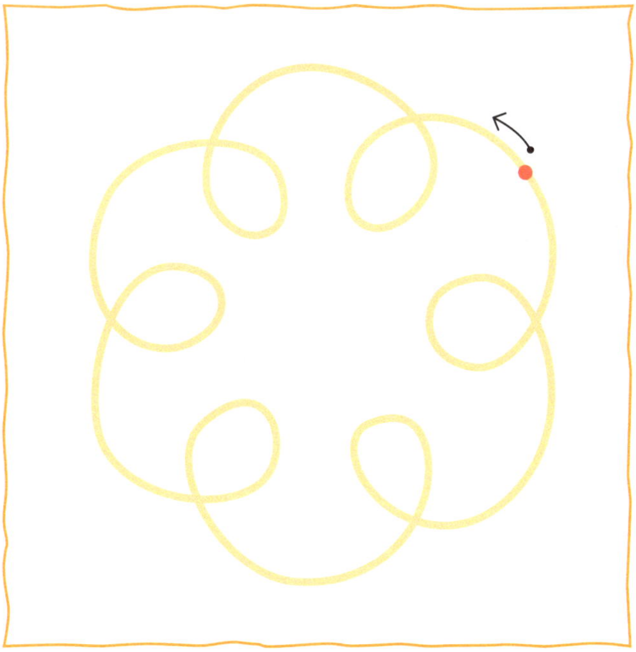

O O O

Oma — Oma

Oma Oma Oma Oma

Opa — Opa

Opa Opa Opa Opa Opa

A

Nn — I i — Aa — Oo

T t

T t

Toni

Toni

Anita

Anita

in Not

in Not

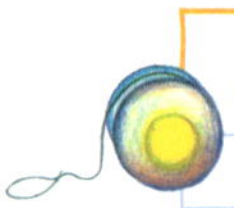

Anita in Not

M m

M M M

m m m

Mama — Mama

Mama — Mama

Oma — Oma

Oma — Oma

im — im

im — im

am — am

am — am

mit — mit

mit — mit

Oma mit Nina

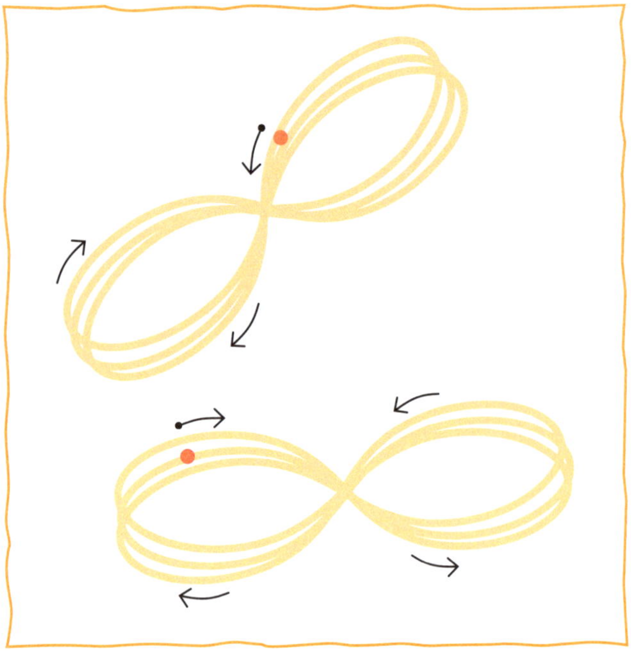

L l

L L L

La La

Lama

Lama

Lama Lama

L l

l l l

la la

ol ol

Lola

Lola

Lola Lola

Nina

Nina
Ali
Mama
Lola

malt

malt

malt

malt

Nina malt.

Nina malt Lola.

Ali malt mit.

Ali malt Lama Lola.

Ali malt Lola lila an.

Diese Seite fand ich ○ leicht ○ mittel ○ schwer

S s

S S S

S S

Si Si

Sa Sa

Simon Simon

Salat Salat

Salami Salami

Sonne Sonne

Sa •	• mon
Si •	• lami
Sa •	• lat

S s

Ananas

s s s

s s

so so

os os

soll

soll soll

Nils Nils

ist

ist ist

Ast Mast Mist Lisa

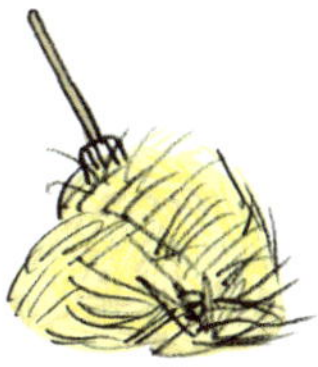

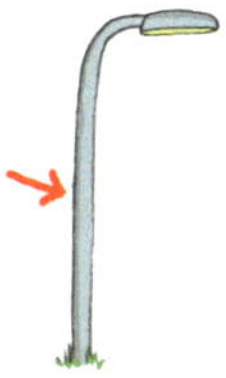

Simon ist am Mist.

E e

E E E

e e e

Esel Esel

Ente Ente

See See

alle alle

alle alle

essen essen

essen essen

Alle Esel essen Salat.

Essen alle Enten Salat?

Seite 56

P p

P P P

p p p

Papa Papa

Opa Opa

Polli Polli

pp pp

Lippen Lippen

Popo, Palme, Paola, passen,
Ampel, Lippen, Lappen

W w

W W W

w w w

Wolle Wolle

will will

will will

wissen wissen

wissen wissen

wa wa we we

was was wen wen

was was wen wen

Was will Nino wissen?

R r

R R R R R R

r r r r r r

Rose Rose

er er

wer wer wer wer

ro ro

ra ra

rot rot rot rot

raten raten raten raten

Alle wollen als Erstes raten.

?

? ? ?

rt rt re re

warten warten

retten retten

Alle wollen raten.

Wer ist Rolo?

Was ist rot?

Wo wartet Rosali?

Wen rettet Ritter Rolo?

Wen rettet Ritter Rolo?

Diese Seite fand ich ○ leicht ○ mittel ○ schwer

Ei ei

Ei Ei Ei

ei ei ei

Ei

ei

Ei ei Ei ei

Ei Ei Ei

ei ei ei

Eis Eis

ein ein

eine eine

sein sein

Reiter, Seil, Ameise,
Leiter, Eimer, Reise,
mein, nein, eins,
weil, weinen, einmal

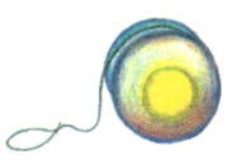

Eis

ein Eis

ein

Seil

ein Seil

Ente

eine Ente

D d

D

d

D D D

d d d

Dino Dino

Dodo Dodo

Dose Dose

der der

das das

denn denn

reden reden

Wer ist Dolores?

Wer ist Dolores ?

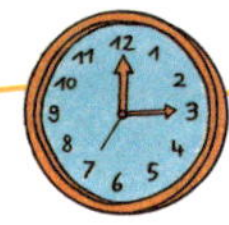

U u

U U U

u u u

du du

uns uns

nun nun

und und

unten unten

rudern rudern

Was ist an der Ampel los?
Nino rudert wild mit seinen Armen.

Wann musst du warten?

F f

F F F

f f f

Fass Fass

Foto Foto

oft oft

rufen rufen

treffen treffen

Feder, Frost, Ofen, Tafel,
Reifen, Elefant, Affe,
fast, fein, filmen, sofort,
rufen, treffen, auf

Nino ruft Nina an.
Das tut er oft.
Er will Nina treffen.

Seite 56

H h

H H H

h h h

Hut Hut

Heft Heft

Haare Haare

hat hat

holen holen

Wer hat Haare?

Delfin Hamster Hund Wal Henne

Ein ___ hat Haar. Ein ...

ie

ie

die die

sie sie

wie wie

wieder wieder

niesen niesen

frieren frieren

der, die oder das?

Tier Wiese Papier Riese

das T

Nina und Nino frieren.
Sie niesen und niesen.

Paola holt Polli. Sie ist warm und soll Nino helfen.

Z z

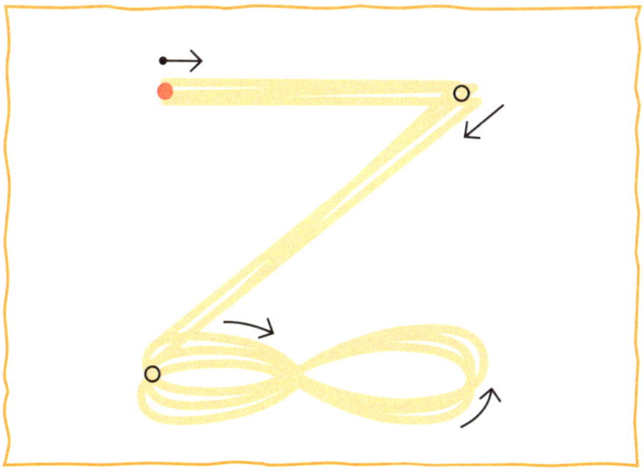

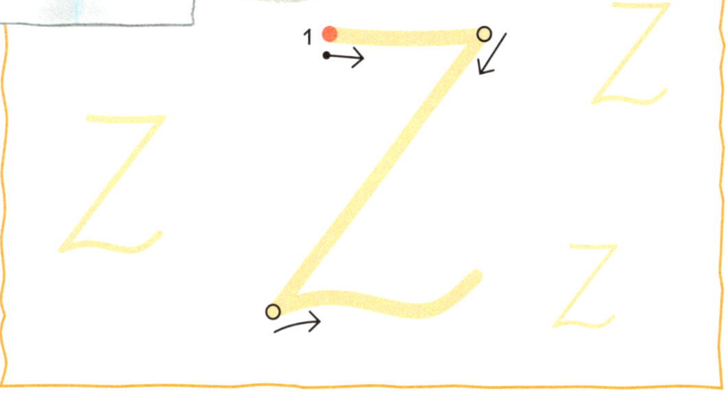

Z Z Z

Zeit Zeit

Zelt Zelt

Z z

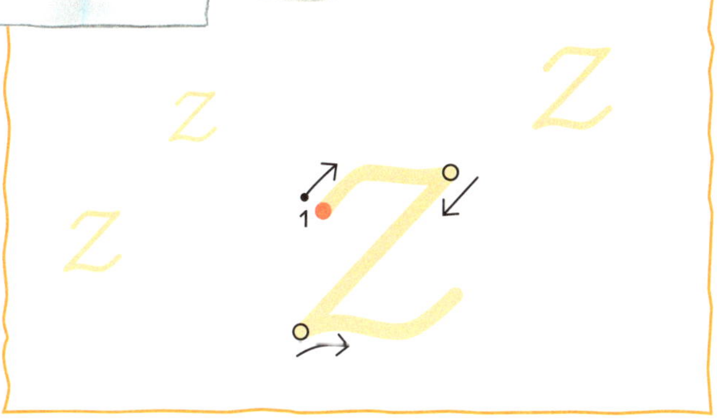

z z z

zu

zu

2 zwei zwei

Herz Herz

Zeit, Zelt, Zoo, Zeile, Zaun,
zerren, zielen, tanzen, zum

Zettel, Zimmer, Ziffer,
zittern, zappeln, zuerst,
zusammen, Wurzel, Arzt

B b

B B B B

b b b b

B B B

b b b

Ball Ball

Blume Blume

Bruder Bruder

bis bis

bitte bitte

bunt bunt

Male bunte Blumen neben  .

Bus, Boot, Brief, Blatt,
Brot, Biene, Bild, Birne,
Roboter, baden, bald

Diese Seite fand ich ○ leicht ○ mittel ○ schwer

be

be be

ben ben

bei bei

aber aber

beide beide

bleiben bleiben

arbeiten arbeiten

~~ba~~	so	blei
bel	ha	lie

ben	len	ben
ben	~~den~~	ben

baden

Biber, Rabe, Abend, Silbe,
bald, besser, bellen, besen,
neben, lieber, selber

Nina und Leon erfinden Namen. Dazu malen sie ein Blatt mit Silben.

Ch ch

Milch

Buch

Ch Ch Ch Ch Ch

ch ch ch ch ch

Ch Ch Ch

ch ch ch

China China

ich ich

nicht nicht

Licht Licht

Nacht Nacht

lachen lachen

machen machen

rechnen rechnen

Chor, Buch, Nacht, Milch,
Dach, Teppich, dich, doch,
durch, hoch, leicht, nach,
sich, endlich

sprechen, horchen,
rechnen, suchen, riechen

Ich spreche. Ich spreche
nicht. Ich suche. Ich ...

Seite 56

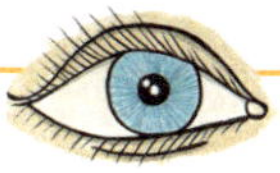

Au au

Haus

Au Au Au Au

au au au au

Au Au Au

au au au

Auto Auto

Haus Haus

auch auch

~~lau~~ bau brau sau

chen sen ~~fen~~ en

laufen

Oft ...

Manchmal ...

Selten ...

... lache ich laut.

... bin ich sauer.

... habe ich Bauchweh.

... brauche ich Mut.

... traue ich mich etwas.

K k

K K K

k k k

Kind Kind

Krach Krach

Musik Musik

kein kein

kann kann

kurz kurz

Was kannst du kaufen?

- [x] Kuchen
- [ ] Kinder
- [ ] Kleider
- [ ] Kekse
- [ ] Krokodile
- [ ] Kerzen
- [ ] Paprika
- [ ] Kamele

Ich kann Kuchen kaufen. Ich kann keine Kinder kaufen. Ich kann ...

Ö ö

Ö ö ö Öl

Löwe

öffnen

hören

Ü ü

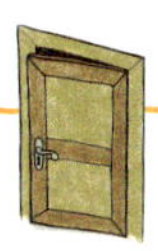
Tür
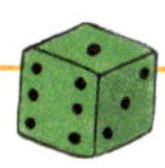
Würfel

Ü ü ü für

Nüsse

üben

dürfen

Ölsardinen, Börek, Brötchen, böse, öfter, Tür, Würfel, brüllen, müssen, fünf, über, dürfen, Müsli, lösen

Sch sch

Sch Sch Sch

Schule Schule

Schiff Schiff

sch sch sch

schön schön

Tasche Tasche

Fisch Fisch

schreiben schreiben

Schnee, Schere, Schleife,
Schrift, Schaf, Lasche,
schauen, schlafen, schon,
scheinen, schlau, frisch

Nach der Schule

Nina schreibt an Sascha.
Nino schaut Dinos an.
Andi bastelt Schiffe.

~~müs~~ dür hö
hüp öff brül

fen nen len
~~sen~~ fen ren

müssen

Aus eins mach zwei.

Korb Hut Körbe Ofen Öfen Hüte

 der Korb →  die

 → 

 → 

Was machst du in deiner Freizeit?

○ Briefe schreiben ○ fernsehen ○ Fische malen
○ Bücher lesen ○ schwimmen ○ schaukeln
○ klettern ○ tanzen ○ basteln ○ schlafen

Was machst du am liebsten?

G g

G G G

g g g

Gras Gras

Geige Geige

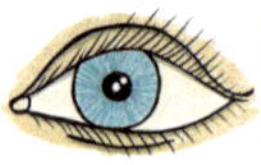

Auge Auge

gehen gehen

ganz ganz

Was reimt sich?

liegen fragen fliegen

Zwerge Berge sagen

liegen

Gesicht, Gemüse, genau, gestern, gelb, gleich, beginnen

gen gen | gt gt

Kreise alle g rot ein.

liegen fegen zeigen lügen sagen fragen

Was machen alle? → Was macht einer?

alle liegen → er liegt

alle fegen → er f

alle →

Was ist richtig?

- ○ Zwerge können nicht fliegen.
- ○ Am Tag schlafen die Kinder.
- ○ Mit einer Geige macht man Musik.
- ○ Giraffen fressen gern Müsli.
- ○ Wenn wir lügen, wird das Gesicht oft rot.

Schreibe ins Heft, was richtig ist.

Seite 56

Ä ä

Käse

Ä Ä Ä

ä ä ä

Bär Bär

Ärmel Ärmel

älter älter

Aus A wird Ä, aus a wird ä.

Hand Ast Glas

 der Ast

 die Äste

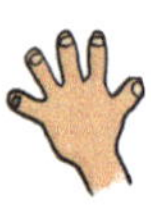

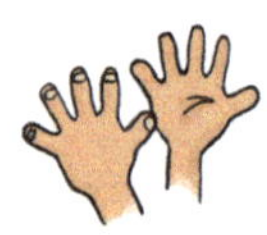

Schreibe in Schreibschrift.

Paola blättert im Buch. Sie mag Rätsel.

blättert Rätsel

März, Märchen, Käfer,
ärgern, schälen, erklären,
glänzen, schräg, nämlich

Das Mädchen rät schnell.
Es will nämlich gewinnen.
Nino ist der Nächste.

J j

J J J

j j j

Jojo Jojo

ja ja jeder jeder

ja ju jam — beln gen mern

Schreibe in Schreibschrift.

Jonas löffelt einen Joghurt. Nino übt mit seinem Jo-Jo.

Januar, Juni, Juli, Jahr,
Jäger, Judo, Jaguar,
jubeln, jaulen, jemand

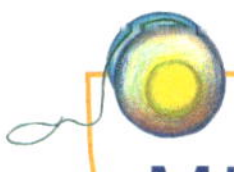

Mögen alle Mädchen Judo?
Mag Jojo Joghurt?
Mag Jojo den kleinen Jonas?

Sp sp

Sp Sp sp sp Sp sp

Sp Sp Sp

sp sp sp

spät spät

St st

St St st st St St

St St St

st st st

steif steif

Ster Spin Spie Stif — ne ne gel te

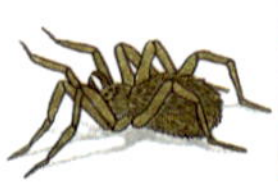

Schreibe in Schreibschrift.

Die Kinder spielen mit kleinen Steinen.

sprechen, spielen, spüren, spazieren,

spinnen, stehen, staunen, stören, streiten

Schreibe so:

Ich spreche.

Ich ...

ck

Sack

ck ck ck ck

ck ck ck

ck ck

dick dick

Sack Sack

lecker lecker

Was reimt sich?

Schnecke Mücke knacken Glück

Stück Decke Brücke packen

Schnecke

D

Picknick, Jacke, Zucker, schmecken, wackeln, blicken, zurück, dreckig

Das Essen schmeckt lecker. Aber keiner darf kleckern. Jojo und Polli schlecken mit.

Pf pf

Pf Pf Pf

pf pf pf

Pferd Pferd

Topf Topf

pflegen pflegen

tz

Katze

tz tz tz

jetzt jetzt

Katze Katze

sitzen sitzen

Pflanze, pflegen, hüpfen,
Satz, Platz, Hitze, Mütze,
schützen, setzen, trotzdem

Paola zieht Nina am Zopf.
Plötzlich wetzt Jojo dazu.
Zuletzt putzt er seine Pfoten.

chs  Fuchs

chs chs chs chs

chs chs chs

6 sechs

sechs 6

Wachs Wachs

wachsen wachsen

es wächst es wächst

Auf der Wiese wachsen Blumen.
Nina entdeckt eine Eidechse.

Eidechse

der Luchs der Dachs der Fuchs der Lachs

 der

Schreibe ganze Sätze.
Wo leben diese Tiere?

im Wasser, im Wald, in der Wüste

V v

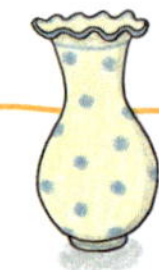

V V V

v v v

Vase Vase

Vogel Vogel

vier vier

viel viel

ver- | kaufen reisen stehen

vor- | sagen zeigen spielen

ver

vor

Vater, Vampir, Klavier,
Kurve, voll, violett,
vorsichtig, vielleicht

Schreibe zu den Wörtern mit *ver-* und *vor-* einen Satz.

Seite 56

Eu eu

Eu Eu Eu Eu

eu eu eu eu

Eu Eu Eu

eu eu eu

Euro Euro

heute heute

Was passt zusammen?

Treue Freunde	leuchtet hell.
Ein Laptop	sind sehr wichtig.
Viele Leute	ist oft teuer.
Ein Feuer	tut richtig weh.
Eine Beule	freuen sich über Tiere.

Leon schreibt heute eine Nachricht.

Eule, Feuer, Kreuz, Leute, heulen, steuern, leuchten, neun, euch

Ein Laptop kann dir manchmal helfen. Er ist jedoch kein echter Freund, oder?

nk  Bank

ng  Ring

nk nk nk

links links

ng ng ng

eng eng

Kreise *nk* und *ng* mit zwei verschiedenen Farben ein.

Junge Engel Schrank Angst
Finger Geschenk Onkel Bank

Wörter mit *nk*

Wörter mit *ng*

Schreibe Sätze in Schreibschrift ins Heft.

Ich danke meiner Oma. / meinem Vater.

Ich singe im Chor. / ein Lied.

Ich springe auf die Bank. / am Schrank vorbei.

Ich trinke Saft. / Kakao.

Schreibe deine Sätze in der Du-Form.
Du dankst …

ß

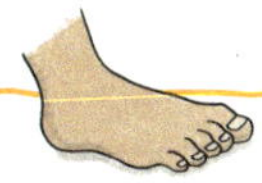

Fuß

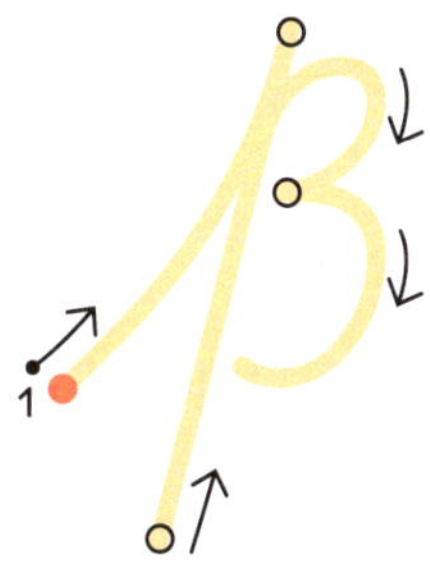

ß ß ß

ße ße

oß oß

Füße Füße

Straße Straße

groß groß

gießen schießen beißen beißt schießt gießt

 → er

 → er

 → er

Kinder mögen •	• große Füße.
Jojo mag kein •	• süße Schokolade.
Riesen haben •	• durch weißen Schnee.
Jojo hüpft •	• heißes Würstchen.

Schreibe die vier Sätze in Schreibschrift in dein Heft.

Y y

Yacht

Pyramide

Baby

Y y Y

y y y

Yacht Yacht

Pony Pony

Pyramide Pyramide

In Ägypten	ist ein Pony.
Eine Stadt in Italien	ist ein Baby.
Ein sehr kleines Kind	heißt Syrakus.
Im Frühjahr	gibt es Pyramiden.
Ein kleines Pferd	blühen Hyazinthen.

Schreibe die Sätze in Schreibschrift in dein Heft.

Schreibe drei Sätze zu Syrakus.

Diese Seite fand ich ○ leicht ○ mittel ○ schwer

Äu äu

Mäuse

Äu Äu Äu

äu äu äu

Mäuse Mäuse

träumen träumen

Schreibe diese Wörter in der Einzahl und Mehrzahl.

das Haus | die Laus | der Baum | der Traum | der Bauch

das Haus – die Häuser, die Laus – die ...

C c

Cent Cent

Comic Comic

Computer Computer

Schreibe in Schreibschrift.

Cowboy, Camping, Clown,
Creme, cremen, cool

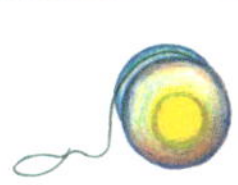

Schreibe Sätze mit den C-Wörtern.

Qu qu

Qu Qu Qu Qu Qu

qu qu qu qu qu

Qu Qu

qu qu qu

Quirl Quirl

quer quer

Setze die Silben zusammen.

qua	qual	quie	quiet	ken	ken	men	schen

Nina zählt die Ecken am Quadrat.
Im Meer schwimmen Quallen.
Ein Clown macht viel Quatsch.

Quadrat
Quallen
Clown zählt

Schreibe Sätze mit den Wörtern:

Quelle, Quartett, Qualm, Quiz, Aquarium

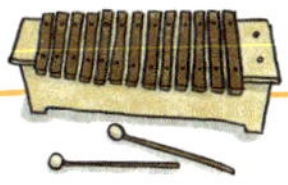

X x

Hexe

X X X

x x x

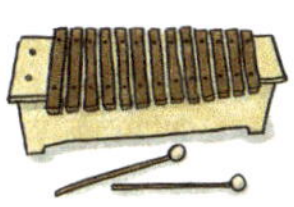

Xylofon Xylofon

Text Text

Hexe Hexe

Taxi Taxi

Schreibe das passende Wort dazu.

boxen mixen faxen hexen

der Mixer → ____ der Boxer → ____

die Hexe → ____ das Fax → ____

Ich bin die Hexe Lexa
und hexe für euch extra!
Mix mit dem Quirl im Hexentopf
die Seife für den Hexenzopf.

Seite 56

Kleine Texte zum differenzierten Einsatz

Nach E/e (Seite 20)

Am See

Nina ist mit Tante Lena am See. Tante Lena ist nett.

Am See essen Enten Salat.

Nach F/f (Seite 28)

Der Anruf

Nino ist am Fenster. Er ist am Telefon. Er ruft Nina an.

Opa will filmen. Er muss auf alle warten.

Nach Ch/ch (Seite 34)

Unsere Erde

Unsere Erde ist ein Planet. Planeten drehen sich um sich selbst. Die Erde wandert um die Sonne.

Wenn es bei uns Nacht ist, wird es in China wieder hell.

Nach G/g (Seite 41)

Im Zoo

Nina und Nino gehen in den Zoo. Ein Tiger liegt gemütlich im grünen Gras. Eine Giraffe holt sich gelbe Zweige.

Die Ziegen fressen gerade Gemüse. Dieser Ausflug hat den Kindern gut gefallen.

Nach V/v (Seite 48)

Gelbe Blumen

Die Kinder machen einen Ausflug. Sie suchen schöne Blumen für die Vase. Auf der Wiese wachsen viele Pflanzen.

Die gelben Blumen sind Kuhblumen. Verena nennt sie Löwenzahn. Sie haben verschiedene Namen.

Nach X/x (Seite 55)

Die kleine Hexe

Es war einmal eine kleine Hexe. Sie träumte von einem neuen Hexenhaus und einem schnellen Hexenbesen. Doch verflixt! Wo war bloß das Zauberbuch?

Sie konnte es nicht finden. Der Rabe Xaver lachte darüber.